Edmond LENIENT

LES RESPONSABILITÉS STRATÉGIQUES ET MORALES
DE
NAPOLÉON

MARENGO - WATERLOO

(Extrait des *Annales Révolutionnaires*, mai-juin et octobre-décembre 1918)

BESANÇON
MILLOT FRÈRES, ÉDITEURS
20, Rue Gambetta, 20

1917

ÉDMOND LENIENT

LES RESPONSABILITÉS STRATÉGIQUES ET MORALES

DE

NAPOLÉON

MARENGO - WATERLOO

(Extrait des *Annales Révolutionnaires*, mai-juin et octobre-décembre 1918)

BESANÇON
MILLOT FRÈRES, ÉDITEURS
20, Rue Gambetta, 20

1917

MARENGO

En matière de guerre, les dissertations abstraites, les aphorismes poncifs, les affirmations les plus solennelles de dogmes ne représentent qu'une forme désuète, monotone et fastidieuse de la critique militaire. Ce verbiage ne mène à rien. Les leçons de l'expérience, qu'il importe de faire jaillir de l'histoire passée aussi bien que des événements les plus actuels, ne doivent ressortir que de deux ordres d'études : l'étude des documents précis et irréfutables, et celle des faits très clairs, connus et admis.

Qu'est-ce que cherche la masse du public des braves gens? Voir clair. Comprendre. Comment voulez-vous que ces honnêtes gens, qui ne se sont pas livrés à des études spéciales d'art militaire, comprennent le pathos et le jargon algébrique des cénacles? Comment pourraient-ils se plier à la logomachie obscure des pontifes? Et à quoi servent cette logomachie, ce jargon et ce pathos? Assez de mystères. — Parlons français.

D'autre part, de quel droit défendrait-on aux gens de bonne volonté et de bonne foi les études de guerre, sous prétexte qu'il faut avoir pris part à la bataille pour oser en ouvrir la bouche? Quelle plaisanterie et quel mensonge! Pendant plus d'un demi-siècle, l'histoire de Thiers a régné sans conteste. Quel jour ce bon M. Thiers a-t-il entendu une balle siffler à son oreille? Ce qui est permis aux uns doit-il être interdit aux autres? L'incompétence n'existe que pour les passionnés de légendes, pour le fanatique partial qui refuse d'étudier le document ou ferme les yeux à la preuve écrasante des faits. Et il existe des passionnés de légendes, donc des incompétents, parmi ceux qui ont pris part aux actions de guerre les plus violentes, même les plus actuelles.

Le bon sens domine tout. A lui doit rester le dernier mot. Entendons-nous bien : il ne s'agit pas d'intuition, d'invention, de conception ou d'exécution de manœuvres. Il s'agit simplement d'apprécier et de juger des faits exposés clairement et avec la loyauté la plus correcte. Sur ce terrain-là, tout homme raisonnable est compétent. Assez de fausse et absurde humilité. Assez de résignation et de silence.

Entrons dans le vif du débat : depuis plusieurs années, il est généralement admis que la guerre moderne dérive des méthodes dites napoléoniennes, en tant que direction et manœuvre. Nous ne traitons pas ici des procédés tactiques. Pas un critique qui ne mette les aphorismes de Napoléon en exergue de ses articles, sans même avoir lu une ligne de ses *Mémoires*, sans avoir constaté qu'un aphorisme contraire, émané de la même autorité, détruit le premier à deux pages d'intervalle, sans même avoir étudié ou creusé à fond une seule campagne de celui qu'on baptise « le Dieu de la guerre ». Qu'y a-t-il de vrai dans cette opinion ? Est-ce une vérité ? Est-ce encore une légende ?

Pour rester fidèles dès le début à notre programme, choisissons deux faits qui illuminent l'épopée de Napoléon de deux lueurs bien différentes, l'une éblouissante comme une aurore de printemps, l'autre sinistre et lugubre comme un soleil couchant d'hiver : Marengo et Waterloo.

On connait la phrase fameuse de Thiers [1] nous montrant le Premier Consul couché sur ses cartes, dans son cabinet des Tuileries, et disant devant son secrétaire qui l'écoutait avec surprise et curiosité : « Ce pauvre M. de Mélas passera par Turin, se repliera vers Alexandrie... Je passerai le Pô, je le joindrai sur la route de Plaisance, dans la plaine de la Scri-

---

(1) *Histoire du Consulat*, p. 114, col. 2.

via, et je le battrai là, là… », et, en disant ces mots, ajoute l'excellent M. Thiers, il posait un de ses signes à San-Giuliano.

Laissons de côté la prodigieuse et naïve indiscrétion que l'historien prête au général en chef de l'armée d'Italie. Un grave commentateur, le général Camon, qui rédigea en formulaires, d'allure mathématique, la *Guerre napoléonienne*, et lui imprima le cachet d'un dogme absolu, insiste[1] : « On s'est beaucoup moqué, dit-il, de la naïveté de l'écrivain qui a pu croire qu'une campagne se prédit ainsi à l'avance. Sans doute, le secrétaire de Bonaparte a dû, après coup, broder un peu. Mais que Bonaparte ait placé son épingle en avant de la Stradella, il n'y a rien là, quand on pense aux manœuvres de Lodi, d'Arcole et de Bassano, qui puisse étonner..... »

Pour le général Camon[2], toutes les manœuvres de Napoléon se résument en deux procédés : « La manœuvre sur les derrières et la manœuvre sur position centrale, cette dernière n'ayant d'ailleurs pour objet que de diviser un ennemi numériquement supérieur et de permettre d'employer, contre chacun de ses tronçons, la manœuvre sur les derrières qui est la manœuvre par excellence de Napoléon. » Ainsi, quand je parlais de deux procédés, j'exagérais. M. Camon n'en reconnait qu'un seul.

Voilà qui donne, dès le début, une fière idée des facultés d'invention originale propres à Napoléon. De 1796 à 1815, d'après les pontifes de la légende, il n'a jamais exécuté qu'une seule et même manœuvre. Ouf ! nous comprenons qu'au bout de quelque temps l'ennemi ne s'y soit plus laissé prendre.

Mais au moins, l'a-t-il inventée, cette unique, mirifique et soi-disant infaillible manœuvre ? Une question capitale se pose. Nous devons la creuser à fond, l'élucider et la résoudre.

Si nous en croyons les ultra-napoléoniens, oui, il l'a inven-

---

(1) *La guerre napoléonienne. Précis des campagnes*, tome I, p. 82.
(2) *La guerre napoléonienne. Les systèmes d'opérations*, p. VIII.

tée. Mais M. Camon, beaucoup mieux documenté, nous indique que « la valeur de la manœuvre sur les derrières a été reconnue de tout temps par les grands généraux [1] », et il cite loyalement Montecuculli, Frédéric II, le *Manuel* de Le Roy de Bosroger, de 1772, etc.

Le général Camon aurait pu citer d'un trait de plume tous les hommes de guerre qui ont commandé depuis les temps les plus reculés, depuis des milliers d'années que la guerre existe. Attaques centrales, attaques de flanc ou par les ailes, attaques enveloppantes et manœuvre sur les communications de l'ennemi, il n'est pas une seule opération de guerre dont on puisse citer l'inventeur. Ces attaques ont existé au temps de l'Iliade, et bien avant. Les naïfs peu versés dans la connaissance du passé peuvent seuls supposer une invention napoléonienne en matière d'opération de guerre. D'ailleurs, considérer le fait même le plus actuel, la guerre de tranchées par exemple, comme une nouveauté, c'est prouver qu'on ne connaît pas le premier mot de l'histoire. La généralisation du procédé ne constitue pas une invention.

Il est évident que nous ne traitons pas la question des procédés techniques, machines, engins, canons. Sur ce terrain se produisirent de multiples inventions. Mais ces canons, engins et machines n'ont de puissance réelle qu'autant qu'on sait les faire agir au moment propice et sur le point vital. Donc, en fin de compte, nous en revenons forcément au concept de la manœuvre, à la pensée suprême qui doit mettre en œuvre les procédés techniques. C'est à elle que reste le dernier mot. Et sur le principe même de l'opération de guerre, nous constatons que les pontifes de la légende napoléonienne ne reconnaissent aucune faculté inventive à leur idole.

Par ces considérations de logique, appuyées sur les documents historiques les plus incontestables, on voit que la fameuse phrase de Thiers et l'insistance du général Camon ne signifient rien au point de vue positif. Reste à examiner

---

[1] *La guerre napoléonienne. Les systèmes d'opérations*, p. 25 et suivantes.

la pensée directrice en ce qui concerne le choix du moment et le point d'attaque. Le Premier Consul veut aller se placer sur la ligne de retraite de Mélas. Soit. Voyons comment il s'y prend.

Le détail des marches journalières ne présenterait aucun intérêt. N'importe quel manuel les relate. Choisissons les dates capitales, celles où se produit ce qu'on peut appeler une crise de manœuvre.

Première date : le 27 mai. Les *Mémoires de Napoléon* [1] nous apprennent qu'un officier autrichien, envoyé par le général Mélas aux avant-postes, fut saisi d'un « étonnement extrême en voyant le Premier Consul si près de l'armée autrichienne ; cette nouvelle, rapportée par cet officier à Mélas, le remplit de terreur et de confusion. Toute l'armée de réserve, avec son artillerie, arriva à Ivrée les 26 et 27 mai.

» Le quartier général de l'armée autrichienne était à Turin ; mais la moitié des forces ennemies était devant Gênes, et l'autre moitié était supposée, et était effectivement en chemin pour venir par le col de Tende renforcer les corps qui étaient à Turin..... »

Ces phrases méritent qu'on s'y arrête. Le Premier Consul nous certifie : 1° que son armée est concentrée à Ivrée ; 2° que tout près de là, à Turin, se trouve Mélas avec une fraction de ses troupes, que le général autrichien est effrayé, que son armée est surprise en flagrant délit de dissémination. Jamais une occasion plus favorable de foncer sur l'ennemi ne pourra se rencontrer. La première pensée qui vient à l'esprit est celle-ci : pourquoi Bonaparte n'attaque-t-il pas ?

Bien loin d'attaquer, il se détourne vers Milan, y exécute une entrée triomphale, laisse à Mélas le temps de se ressaisir et de concentrer son armée, puis, après un long détour, par le chemin de la Stradella, revient offrir la bataille aux Autrichiens, dans des conditions infiniment moins favorables qu'à la date du 27 mai. — Pourquoi ?

(1) *Mémoires de Napoléon*, tome VI, p. 212 et suivantes.

Impossible d'être plus napoléonien que Napoléon. Du moment qu'il nous affirme avoir, le 27 mai, toute son armée en mains, la discussion des forces dont il dispose à cette date est inutile. L'intérêt capital de la manœuvre de Marengo réside uniquement dans la comparaison des forces adverses au 27 mai et au 14 juin, et dans la démonstration positive que l'entrée triomphale à Milan constitue une faute stratégique.

En fait, la bataille de Marengo fut engagée, une fois Desaix écarté à neuf heures du matin, avec un effectif de 20.022 hommes [1] contre 30.000 Autrichiens et 100 pièces de canon.

En engageant la bataille sur Turin, vers le 27 mai, le Premier Consul aurait disposé de 33.000 hommes au lieu de 20.000 — et par contre Mélas n'en aurait eu que 19.000 au lieu de 30.000 [2], et beaucoup moins de 100 pièces de canon.

La faute commise par le Premier Consul, à la date du 27 mai, est tellement énorme que lui-même a cru devoir plaider devant la postérité. Jugeons sa plaidoirie, non d'après les racontars admiratifs de la légende, mais d'après le texte irréfutable de Napoléon. Il nous explique que trois partis s'offraient à lui [3].

« Marchera-t-il sur Turin pour en chasser Mélas, se réunir avec Turreau, et se trouver ainsi assuré de ses communications avec la France et avec ses arsenaux de Grenoble et de Briançon ? »

Voilà le premier parti. Impossible d'imaginer la réponse inouïe de Bonaparte à cette question posée par lui. Citons textuellement :

« Le premier parti était contraire aux vrais principes de la guerre, puisque Mélas avait des forces assez considérables avec lui : l'armée française courait donc la chance de livrer

---

(1) *Campagne de l'armée de réserve en 1800* (publié sous la direction de la Section historique de l'État-Major de l'armée), DE CUGNAC, p. 370 à 374.

(2) THIERS, *Histoire du Consulat*, p. 122, col. 1. Plus loin (p. 123, col. 1) Thiers parle de 30.000 hommes, mais sans fixer si le détachement tiré du Var est arrivé.

(3) *Mémoires*, tome VI, p. 212-213.

une bataille, n'ayant pas de retraite assurée, le fort de Bard n'étant pas encore pris. D'ailleurs, si Mélas abandonnait Turin et se portait sur Alexandrie, la campagne était manquée ; chaque armée se trouvait dans une position naturelle, l'armée française appuyée au Mont-Blanc et au Dauphiné, et celle de Mélas aurait eu sa gauche à Gênes, et derrière elle les places de Mantoue, Plaisance et Milan. »

Comment accorder la phrase : « Mélas avait des forces assez considérables » (p. 213), avec une précédente : « la moitié des forces ennemies était devant Gênes, et l'autre moitié était supposée, et était effectivement en chemin pour venir par le col de Tende renforcer les corps qui étaient à Turin » ? (p. 212). La contradiction est flagrante. Comment accorder cette autre phrase : « Se réunir avec Turreau et se trouver ainsi assuré de ses communications avec la France » (p. 212), avec : « l'armée française courait donc la chance de livrer une bataille, n'ayant pas de retraite assurée » ? (p. 213). Cette seconde contradiction est aussi écrasante que la première. Turreau, d'après les renseignements du Premier Consul, se trouve entre Suze et Turin. Donc, rien de plus facile que de se lier avec lui avant, pendant et après la bataille, quelle qu'elle soit. On voit que Napoléon se réfute lui-même à jet continu. De plus, pourquoi Mélas aurait-il refusé la bataille ? Haddick a-t-il refusé le combat de la Chiusella ? Enfin, était-il impossible, d'une part, de fixer Mélas à Turin par une attaque vigoureuse et, d'autre part, puisque l'armée de réserve possédait la supériorité numérique, de lui couper la retraite par Chivasso sur Asti ?

Le second parti ne vaut pas la peine d'être examiné. Bonaparte parle de se diriger « à tire d'aile sur Gênes », sans même supposer une bataille. Il le déclare non praticable. C'est hors de doute.

Troisième parti : « Laissant Mélas sur ses derrières, passera-t-il la Sesia, le Tesin, pour se porter sur Milan et sur l'Adda, faire sa jonction avec le corps de Moncey, composé de 15.000 hommes qui venaient de l'armée du Rhin et qui avaient débouché par le Saint-Gothard » ? C'est la manœuvre de Marengo. Nous constatons simplement, par le texte même de Napoléon, qu'il reconnaît que Mélas est posté « sur ses derrières ». Donc, s'il a tourné l'ennemi, lui-même est tourné. Certes, la position ne sera pas banale. Les Autrichiens se battront le dos à la France, et les Français le dos à l'Autriche. Tout est ramené à la bataille. Dans quelles conditions ?

Avant de les analyser brièvement, je crois devoir faire remarquer que les contradictions lamentables de la légende napoléonienne ont une excuse : l'exemple de Napoléon lui-même (p. 212 et 213 des *Mémoires*). Poursuivons.

« L'avant-garde (Lannes) [1] prit la position de Chivasso... Le Premier Consul passa, le 28 mai, la revue de l'avant-garde à Chivasso, harangua les troupes... Le 2 juin, le Premier Consul entre dans Milan... Le général Lannes.... laissant un corps d'observation sur la gauche de la Dora Baltea et une garnison dans Ivrée..., marcha en toute hâte sur Pavie... Il y trouva des magasins considérables... Du 2 au 8 juin, le Premier Consul fut occupé à recevoir les députations et à se montrer aux peuples... » Que de revues ! que de parades ! que de discours !

Le 14 juin, le jour de la bataille de Marengo, l'armée française est disséminée par Bonaparte de la manière suivante [2] :

La division Chabran occupe Bard, Ivrée, Chivas, Crescentino, Trino, Verceil. La division Bethencourt est devant Arona, la division Gilly devant le château de Milan, la division Lorge à Crema, la légion italique à Brescia. Duhesme et la division Loison devant Plaisance, Pizzighettone, Castel-Saint-Jean ; la division Lapoype devant Pavie, la brigade de cavalerie Rivaud à Salé, Desaix avec la division Bou... à Rivalta, la division Turreau près de Suze.

Sur le champ de bataille de Marengo, où la question capi-

[1] *Mémoires de Napoléon*, p. 211 à 217.
[2] *Mémoires de Napoléon*, tome VI. Tableau des positions occupées (entre la p. 232 et la p. 233).

tale se décide, restent les divisions Monnier, Watrin (sous les ordres de Lannes), Gardanne et Chambarlhac (sous les ordres de Victor), et les brigades de cavalerie Kellermann et Champeaux.

Telle est la répartition des forces que les écrivains de la légende admirent, prosternés à genoux, depuis cent ans.

Textes et chiffres sont irréfutables. Sur 58.021 hommes, le Premier Consul n'en concentre que 20.022. Les Autrichiens sont 30.000 avec 100 pièces. Bien pire. Les ordres, éloignant deux divisions sur les huit dispersées, sont donnés au moment où retentissent les coups de fusils et de canons qui s'abattent sur la division Gardanne.

Laissons parler celui qui fut le véritable initiateur des méthodes de guerre dites napoléoniennes, le grand instructeur de l'Ecole de Guerre, le professeur de nombreux officiers parvenus aujourd'hui aux plus hauts grades, le général Bonnal. Voici comment il caractérise les manœuvres de Bonaparte en 1800 [1] :

« A partir du 29 mai, les manœuvres et les dispositions de Bonaparte semblent extraites de l'histoire de l'une des campagnes de la guerre de sept ans. »

Pour parler clair, le Premier Consul manœuvre à la façon d'un Soubise.

« Il revient à la guerre de démonstrations, de détachements, de blocus, de rideaux ; c'est à n'y pas croire. »

« Bonaparte, dont l'optimisme atteignait parfois les limites de l'invraisemblable... »

Jugeant l'éloignement de Desaix, dans la matinée du 14 juin, le général Bonnal écrit : « Une semblable manœuvre frise la démence. » La situation, au moment où Desaix arrive, est notée : « Affreux désastre. » De plus, Bonnal insiste : « San. la faiblesse mentale et physique de l'état-major autrichien, Bonaparte était perdu, le soir de Marengo, malgré l'arrivée de la division Desaix... »

(1) Général BONNAL, *De Rosbach à Ulm*, p. 142 à 155.

Examinons le cas particulier de Desaix, ou mieux des deux divisions Lapoype et Desaix, car Desaix ne fut pas le seul éloigné de Marengo.

C'est à neuf heures du matin, au moment précis où les Autrichiens attaquent, que le Premier Consul « envoie la division Lapoype sur la rive gauche du Pô. C'est ainsi que cette réserve se trouve éloignée du champ de bataille [1]. »

On ne la reverra pas. L'ordre qui la rappelle, ordre authentique, puisque Lapoype reconnaît l'avoir reçu, ne lui parvient qu'à six heures et demie du soir.

A neuf heures du matin, également, Bonaparte « expédie l'ordre à Desaix de marcher dans la direction du sud vers Pozzolo-Formigaro. »

Où est Desaix le matin du 14 ? à Rivalta. Le passage de la Scrivia, commencé avec beaucoup de peine dans la nuit du 13 au 14 juin, ne fut terminé que le 14 au matin, vers dix heures. Peu après parvient l'ordre du Premier Consul, et vers midi la division se met en marche sur Novi.

Pourquoi revient-elle, et à quelle heure ?

Nous admettons parfaitement qu'un ordre de revenir sur Marengo ait été lancé. Aucun document n'en subsiste. Le témoignage verbal « d'un jeune Hongrois, ordonnance de Desaix », ne signifie rien. Le journal de marche de la division Boudet ne constitue pas davantage un texte, car M. de Cugnac, qui le cite en entier pour l'extrait sur Marengo (p. 393 à 401), nous dit qu'il « semble rédigé sinon au jour le jour, au moins peu de temps après la campagne ; il paraît avoir été écrit avec une grande sincérité. » Il semble ! il paraît ! Ce ne sont pas là des preuves valables. Mais nous admettons l'ordre. Seulement, le point capital, c'est l'heure.

Desaix est-il revenu à cause de cet ordre, ou avant ? L'a-t-il simplement reçu ou l'a-t-il prévenu et provoqué ? Lapoype n'a reçu son ordre de rappel qu'à six heures et demie du soir.

---

[1] *Campagne de l'armée de réserve en 1800* (pub. sous la direction de la Section historique de l'État-Major de l'armée), DE CUGNAC, p. 350-430.

Mais, comme on ne sait pas exactement à quel endroit il l'a reçu, cette heure ne nous permet pas de fixer l'heure du départ par la distance.

Voici ce qui est acquis : Desaix arrive sur le champ de bataille avant sa division [1]. Bien plus, Longtemps avant d'être rejoint par un aide de camp du Premier Consul, il a fait arrêter ses troupes. Les coups de canon de Marengo ont éveillé son admirable instinct militaire. Il comprend la faute de marcher sur Novi. Il lance Savary au galop pour constater cette erreur. Lui, il marche au canon. Libre au général Camon, qui ne reconnaît de miraculeux que Napoléon, de trouver la marche de Desaix très vulgaire. Comme l'objecte Thiers, en une page de parfait bon sens, cette marche au canon ne fut pas exécutée à Waterloo par Grouchy.

Que la campagne de 1800 fourmille de fautes, et que Marengo représente une victoire inespérée due à l'initiative d'un lieutenant, pas l'ombre d'un doute. Les responsabilités stratégiques et morales de Napoléon éclatent sur tous les points.

Non seulement le Premier Consul manque aux lois de logique et de bon sens qui déterminent les grandes opérations de la guerre, non seulement il agit à l'encontre des règles si parfaitement appliquées par lui dans l'admirable campagne de 1796-1797, et plus tard si merveilleusement exposées à Austerlitz, Iéna et Friedland, mais de plus — et ce fait est infiniment grave — il méconnaît les principes que les circonstances extraordinaires et les situations neuves et terribles de la Révolution avaient fait jaillir de l'âme même des généraux de la République.

Le général Bonnal n'est pas suspect de partialité, car ses explosions admiratives pour le génie de l'Empereur sont incessantes, mais il l'admire en homme libre, là où il est admirable. Il n'est pas suspect non plus de tendresse pour la forme républicaine. Et cependant la force de la vérité lui

---

[1] *Thiers*, p. 138, col. 1. — *Campagne de 1800*, DE CUGNAC, notes p. 395 et 396. (*Récit de Savary, aide-de-camp de Desaix*). — Général CAMON, p. 108.

arrache ces mots[1] : « La Révolution avait fait naître cette idée, simple et féconde, que la destruction de l'ennemi, ici ou là, constitue l'objet essentiel de la guerre, et que tout le reste n'est qu'accessoire. »

Le 27 mai, Bonaparte ne s'occupe pas de détruire l'ennemi. Il ne rêve que d'une entrée triomphale à Milan. Il manque la victoire naturelle et rapide, néglige l'économie des forces et du sang, donc se dirige d'après les principes les plus rétrogrades et surannés. Pourquoi ? C'est que la hantise de l'orgueil affole son génie.

Le Premier Consul, chargé des lauriers de Lodi, d'Arcole, de Rivoli et d'Egypte, investi du pouvoir suprême, a vu la foule se prosterner devant lui. Il a connu les courtisans, la race abjecte et maudite des flatteurs intéressés et serviles. L'habitude des ordres absolus, inspirés par une volonté inflexible qui ne relève que d'elle-même, est facile à prendre. C'est une griserie que l'autorité despotique, et il suffit de connaître l'*histoire vraie* pour comprendre l'intraitable vanité, l'égoïsme féroce et jaloux de Bonaparte. Pas de raisons : l'autorité. L'autorité apparente, par le grade et la fonction. Plus de cœur, plus de sentiment. L'intérêt, rien autre. Transportez cette doctrine encore instinctive et quelque peu voilée en 1800, doctrine qui procède des mœurs sournoises et brutales du condottiere à la mode du quinzième siècle, et aussi d'un rêve obscur de restauration césarienne, transportez-la sur les champs de bataille, et vous obtenez la mentalité de la manœuvre de Marengo.

L'imagination exaltée de Bonaparte ne s'arrête devant aucune objection. Sans que l'ennemi soit fixé sur aucun point, en aucune manière, il rêve de le manœuvrer et de l'envelopper. Les idées préconçues, qui ne reposent sur aucune base positive, se succèdent[2]. D'abord l'idée que Mélas l'attaquera, puis, deux jours avant Marengo, la conviction que Mélas ne

---

[1] Général BONNAL, *De Rosbach à Ulm*, p. 146.
[2] *Mémoires de Napoléon*, p. 225 à 232.

songe qu'à fuir et ne se battra pas. Et quand une conviction subjective le saisit, il n'écoute personne. Il ne tient aucun compte des renseignements, ni de celui de son aide-de-camp, le colonel Lauriston, ni des objections de Marmont [1]. Rien n'existe que lui et sa pensée.

Les exagérations d'effet moral, les affirmations vaniteuses de triomphe anticipé, qu'on retrouvera à toutes les époques fâcheuses de l'épopée, depuis l'Espagne et la Russie jusqu'à Leipzig et Waterloo, abondent. Qu'on voie le texte des *Mémoires*, tome VI : Mélas est rempli « de terreur et de confusion. » — « Sa position était critique. » — « Sa position empirait. » — « La plus horrible confusion régnait dans Alexandrie depuis le combat de Montebello. Les plus sinistres pressentiments... »

Quant à l'estime loyale pour ceux qui le servent, à l'appréciation juste et bienveillante pour ses lieutenants, on peut en juger par le texte de la campagne de 1800 (publié sous la direction de la Section historique de l'Etat-Major de l'armée). La bataille perdue à trois heures, le vrai désastre à cette minute ne sont pas controuvés, même par les plus acharnés de légende. La transformation de la bataille s'opère par trois éléments : le retour de Desaix, cause initiale, puis les volées de mitraille de Marmont et la charge de Kellermann [2]. « Si la charge eût été faite trois minutes plus tard, écrit Marmont, nos pièces étaient prises... Il a fallu cette combinaison précise pour assurer un succès aussi complet et, il faut le dire, inespéré... Jamais général ne montra plus de coup d'œil, plus de vigueur et d'à propos que Kellermann. »

Voilà le fait. Voyons le remerciement : En rentrant au quartier général, le Premier Consul dit à Bourrienne : « Ce petit Kellermann a fait une heureuse charge, il a donné bien à propos ; on lui doit beaucoup. Voyez à quoi tiennent les affaires. » Quelques heures après, le Premier Consul aurait

---

(1) *Campagne de 1800* (publié sous la direction de la Section historique de l'Etat-Major de l'armée), p. 359 à 362.
(2) *Campagne de 1800....*, p. 406 à 410.

reçu froidement Kellermann, lui disant : « Vous avez fait une assez bonne charge. »

En 1800, les lieutenants de Bonaparte sont encore les généraux de la Révolution, d'énergie superbe et intacte, non déprimés par la méthode de commandement impériale. Ils marchent au canon, chargent et sabrent à propos, par initiative personnelle, non sollicitée, non dirigée. Ils marchent parce que, depuis 1792, depuis Valmy, les cœurs battent à l'unisson. Le but suprême, c'est la victoire, le salut de la Patrie. Combien de temps dureront cet élan, cette passion de sacrifice, cette soif d'héroïsme ? Tant que le but sera noble, victoire idéale et non conquête stérile. Tant que le chef comprendra et appréciera le dévouement. Le jour où les méthodes d'implacable arrivisme, où les dogmes d'autorité arrogante et égoïste triompheront, l'élan sera brisé. Desaix se fait tuer. Grouchy s'en tient à la lettre d'un ordre de Sa Majesté.

Quant à la sincérité et à la franchise des relations officielles, impossible de rien lire de plus édifiant que l'histoire des corrigés successifs de Marengo.

Lorsque Napoléon se fit couronner roi d'Italie, après qu'il eut « passé une grande revue sur le champ de bataille même de Marengo », on lui soumit cinq exemplaires de la relation de la bataille, tels qu'il les avait lui-même acceptés après de nombreuses corrections de sa main, aux Tuileries, sous le Consulat. C'était le moment où sa mémoire prodigieuse était la plus fraîche. Empereur et roi, il rejette la version du Premier Consul. Il ordonne au général Samson, directeur du Dépôt de la Guerre, de détruire par le feu les planches gravées et « tous les documents historiques et descriptifs recueillis », bien plus, de « briser toutes les formes d'impression et d'effacer tous les cuivres. »

Heureusement pour la vérité, qui marche lentement, mais à pas sûrs, « le colonel Muriel trouva moyen de soustraire un de ces exemplaires, déjà dépouillé de sa reliure; il l'a conservé jusqu'à ce moment dans les archives du Dépôt de la Guerre. » (*Mémorial du Dépôt de la Guerre*, t. IV (1881, p. 270 à 275).

Il est évident que si Napoléon, empereur, s'est donné tant de peine pour anéantir les preuves véridiques de ce que fut la manœuvre réelle de Marengo, c'est que ces preuves étaient diamétralement contraires à la légende qu'il voulait créer.

WATERLOO

Maintenant, d'un bond, transportons-nous à Charleroi — 15 juin 1815. Il ne saurait être question d'une analyse détaillée. Pour renverser l'échafaudage des mensonges entassés par les historiens officiels et pontifes de la légende, j'ai dû accumuler près de six cents pages de démonstrations dans la *Solution des Énigmes de Waterloo*. Pour que la vraie pensée de Napoléon, obscurcie par les commentateurs ultra-napoléoniens, apparût en pleine lumière, j'ai dû reproduire les textes irréfutables, ordres de la Correspondance et mémoires. Contentons-nous ici de noter quelques points capitaux.

D'abord, le système des boucs émissaires. Napoléon n'en fut pas l'inventeur. De tout temps, les séïdes du pouvoir, les amis des gens en place se sont efforcés, quand les affaires périclitent, de rompre les chiens et de choisir un bouc émissaire qui détourne l'attention et les responsabilités. Napoléon n'a pas plus découvert ce procédé que celui de la manœuvre enveloppante ou sur les derrières. Mais il l'a perfectionné et porté à un degré de fourberie inexprimable. Ses adorateurs l'imitèrent pieusement. Beaucoup de braves gens sont encore convaincus que le plan de l'Empereur était admirable, infaillible, mais que la trahison de Bourmont fit tout échouer. H. Houssaye [2], qu'on ne saurait accuser de partialité contre Napoléon, a dû lui-même anéantir l'inepte légende. Les pré-

---

[2] H. Houssaye, 1815, p. 108 à 155 ; Général Pierron, *Méthodes de Guerre*, t. III, 1ʳᵉ partie, p. 81 à 89.

cautions de Blücher étaient prises depuis le 3 mai pour toute éventualité.

En ce qui concerne Bourmont, Houssaye avoue franchement. Mais quand il s'agit des opérations stratégiques, son roman truqué, qu'il appelle l'Histoire de 1815, réédite les légendes vieillottes et désuètes. Ney, Reille, d'Erlon, Lobau, Domon, Subervie et, par-dessus tout, Grouchy, se trouvent les boucs émissaires naturellement désignés. Le général Camon s'écrie : « Il semble que, dans cette bataille, tous nos généraux aient perdu la tête [1]. »

Parbleu ! La bataille s'effondre en désastre. Par suite, tous ceux qui s'y trouvaient sont responsables, tous sauf un seul, le chef : Napoléon. Il suffit de prendre la *Guerre napoléonienne* et de la suivre de la première page à la dernière. Le procédé de la légende est extrêmement simple : toutes les fois qu'une opération manque, fût-ce de la manière la plus minime et dans un vulgaire détail, on commence par mettre soigneusement à l'abri la personnalité quasi divine de l'Empereur, puis on tombe à bras raccourcis sur les comparses et exécutants. On voit comme le truc est simple. Seulement, ce n'est qu'un truc, et je l'ai démasqué par textes, par les ordres de Napoléon lui-même et l'exposé de ses principes cueillis dans ses mémoires.

Le système de lourde centralisation impériale craque de toutes parts quand Napoléon essaie de lui demander un effort rapide, effort que les initiatives libres auraient seules pu réaliser. Il ne dispose que de 178.000 hommes d'armée active pour entrer en campagne. Par une faute monstrueuse dans la répartition des forces, il en laisse 54.000, et il sait [2] que les forces anglo-prussiennes sont presque doubles. Pourquoi ? Par une conception aussi fausse que celle qui l'entraîna à la veille de Leipzig, quand il écarte de la bataille suprême, où tout va se décider, Gouvion-Saint-Cyr et 30.000 hommes. La

---

[1] Général Camon, *Batailles*, p. 519.
[2] *Mémoires*, tome IX, p. 50 à 61, 159.

dissémination des forces est aussi absurde qu'avant Marengo. Contrairement aux dithyrambes légendaires, Napoléon ne sait pas réagir contre la multiplicité outrée des buts poursuivis. Optimisme fantastique, illusionisme subjectif, exagération d'effet moral, les erreurs ordinaires du système napoléonien éclatent.

Pour entraîner les troupes, il leur jette ces mots : « Soldats, à Iéna, contre ces mêmes Prussiens aujourd'hui si arrogants, vous étiez un contre trois ; à Montmirail, un contre six. » Autant de mensonges que de syllabes. A Iéna, il eut, pendant les trois phases de la bataille, la supériorité numérique [1]. Quant à Montmirail, le général Camon avoue un contre deux, et Thiers affirme : 24.000 contre 20.000 [2].

Le mépris intense pour l'ennemi se double du mépris pour les généraux français — et pour des hommes de guerre de premier ordre — Davout, Suchet, Clauzel, Lecourbe sont écartés de la bataille.

Impossible d'imaginer un concept plus faux que l'attaque par Charleroi. Bien loin de frapper en plein cœur de l'ennemi, il ne vise que le centre géographique, l'extrême droite de Blücher qui est sur ses gardes. Un pont, un défilé étroit sur lequel Napoléon entasse 80.000 hommes, dont 18.000 cavaliers et 250 canons [3], donc un interminable défilé, voilà le coup de foudre sur lequel Thiers, Jomini et à leur suite les littérateurs stratégiques et les pontifes de la tactique officielle s'extasient depuis cent ans. Résultat : la manœuvre échoue dès le premier jour.

Aucun rapport avec 1796. Aucune possibilité de rupture stratégique. Le principe que Napoléon [4] a posé, raisonné, appliqué en 1805, le lui interdit. L'espace manque — et le temps. Tout ce que Napoléon peut trouver, grâce au choix

---

(1) Général Camon, *Batailles*, p. 182. Il n'est question que d'Iéna et non d'Auerstaedt, où Davout commande seul.
(2) Id., précis, t. II, p. 127. *Thiers*, t. III, p. 685 à 687.
(3) *Correspondance de Napoléon*, t. XXVIII, p. 281 à 286.
(4) Général Bonnal, *De Rosbach à Ulm*, p. 269 et suivantes ; *Mémoires*, t. VII, p. 97.

lamentable de Charleroi comme direction d'attaque, c'est la bataille, mais la bataille telle que la veut Blücher, sur le terrain choisi par Blücher. Ce n'est pas l'Empereur qui domine l'ennemi, en dépit des fanfaronnades des bulletins, mais c'est l'ennemi qui l'attire et dont il suit pas à pas les directions. La preuve, c'est que Blücher veut se battre à Ligny, et on s'y bat.

Dans quelles conditions se livre la bataille? Avec l'armée française encore divisée et dispersée. Au lieu de concentrer la masse et de frapper le coup décisif, Napoléon perd de vue tous les enseignements de l'histoire, ses principes, ses maximes, les souvenirs de sa jeunesse, les enseignements de la Révolution, les éclairs d'Austerlitz, d'Iéna et de Friedland. Il manœuvre comme en 1813, quand il poursuit à la fois la marche sur Berlin (Gross-Beeren, 21 août), celle sur la Katzbach (27 août) et celle sur la Bohême (Kulm, 30 août). Résultat : en 1813, trois désastres ; en 1815, une demi-victoire, Blücher se retirant où il veut, comme il veut et prêt à rejouer la partie.

Les Anglais, par un immense bonheur (car, contrairement à la légende, la fortune sourit à l'Empereur jusqu'à la dernière minute, et c'est lui qui manque toutes les occasions) ne sont pas prêts à joindre Blücher à Ligny. Au lieu de poster un seul corps d'armée pour flanquer sa gauche, avec une simple division de cavalerie, l'Empereur écarte Ney, deux corps d'armée et quatre divisions de cavalerie, dont 3.000 cuirassiers d'élite, au total 45.000 hommes. Bien plus. Il leur donne l'ordre inouï d'attaquer « tête baissée », c'est-à-dire de s'enfoncer inutilement dans une impasse, impasse ou coupe-gorge.

Pas un écrivain de la légende ne s'est donné la peine de creuser la Correspondance de Napoléon. J'ai produit les textes dans leur intégrité. Grâce aux textes, la lumière a jailli.

De plus, l'étude serrée des documents ruine les inventions romantiques, perce à jour la piteuse légende, en fait justice.

Voilà cent ans qu'on nous rabâche la « note au crayon », et la « traverse de Mellet », et la « conversation de Baudus ». Il est prouvé maintenant que le fameux ordre à d'Erlon, lancé soi-disant par l'Empereur, n'a jamais émané de lui, et que cette note au crayon constitue un faux, mais un faux des plus formidables et qui fit couler des torrents d'encre. Non en pure perte, car de cet incident, qui constitue le clou de la journée du 16, la légende dorée a été frappée en plein cœur. Elle en mourra.

Qu'on y réfléchisse : la bataille de Ligny débute par une revue [1], oui, une revue en plein champ de bataille, pour bien exposer à la vue de l'ennemi les effectifs et les réserves de l'armée française. Pourquoi ? Exagération d'effet moral, manifestation d'orgueil hyperbolique. Napoléon est convaincu qu'en voyant la garde impériale, Blücher va se sauver à toutes jambes. Hélas ! il l'avait déjà vue à Leipzig !

Pour compléter cette vision d'optimisme, cette assurance néfaste de triomphe anticipé, qu'on creuse l'ordre à Ney (*Correspondance*, t. XXVIII, n° 22058) : on y verra que Napoléon se laisse dominer par une idée préconçue, l'occupation de Bruxelles, objectif géographique.

Au total, il continue à mépriser les principes éternels de la grande guerre. D'une part, il pratique l'économie des directions, idée rétrograde chère aux stratégistes du xviii° siècle, Soubise et Contades : il laisse Lobau et le 6° corps à Charleroi, pour lui épargner une marche qu'il juge inutile. En réalité, il veut l'acheminer sur la route de Bruxelles. Lorsque la nécessité le force à rappeler Lobau, il est trop tard. Le 6° corps ne sert à rien à Ligny.

D'autre part, Napoléon dédaigne le principe supérieur de l'économie des forces, le principe génial de Carnot [2]. La fausseté de la manœuvre des Quatre-Bras en découle. Aucune fatalité. Erreur de système. Erreur voulue par idée préconçue

---

(1) Thiers, t. IV, p. 522 : *Mémoires*, t. IX, p. 79.
(2) Général Bonnal, *De Rosbach à I'Ina*, p. 78, 129, 140.

et entêtement. Le concept général manque d'unité. L'Empereur poursuit deux buts à la fois. Son mépris de Wellington et de Blücher ne lui permet pas de comprendre leurs manœuvres, de prévoir et de juger leur résistance. Il raisonne comme si les ennemis devaient fuir à bride abattue, comme si le seul fait de lui tenir tête constituait une erreur stratégique. Qu'on étudie ses observations du chapitre IX : il semble non pas un vaincu méditant sa défaite, mais un pédagogue qui en remontre à des enfants. C'est l'orgueil poussé au paroxysme.

Comme détail tactique valant la peine d'être noté, qu'on réfléchisse à ces mutations incessantes de divisions d'un corps dans un autre, ce que j'ai appelé l'habitude des divisions interchangeables, ces forces prêtées à un lieutenant avec défense de s'en servir (ordre n° 22058), puis que l'on médite la dure vérité des faits : ordre, contre-ordre, désordre.

Journée du 17. De l'exposé textuel des pensées de Napoléon, exposé limpide et loyal, que jamais les historiens de la légende n'ont voulu pratiquer, parce que les textes de Napoléon les gênent, il résulte que son invraisemblable optimisme du 17 dépasse encore, s'il est possible de franchir les extrêmes limites, celui du 15 et du 16.

Il divise encore et disperse à nouveau son armée. Lui-même reconnaît que cette pauvre armée, si peu nombreuse en raison de sa faute initiale, est coupée en trois tronçons[1] : 69.000, 34.000 et 8.000. Pourquoi ces 8.000 à Ligny et Charleroi? Un bataillon ne suffisait-il pas sur un point et sur l'autre? Encore 8.000 hommes distraits de la masse active.

L'erreur concernant Grouchy apparaît dès qu'on néglige les commentaires intéressés et nuageux des thuriféraires. Il suffit, pour comprendre que Grouchy n'a fait qu'obéir, de lire les ordres de l'Empereur, de dégager sa pensée réelle, évidente. Grouchy est certes suffisant pour attaquer l'arrière-garde prussienne. Mais entre attaquer et culbuter, il existe

(1) *Mémoires*, t. IX, p 163.

une certaine marge. Si 30.000 hommes, sous Thielmann ou Bülow, lui barrent la route, de quel droit Napoléon décide-t-il *a priori* que Grouchy les culbutera ? En tout cas, cette attaque ou culbute demandera un certain temps. Douze heures, vingt-quatre, qui peut en répondre ? C'est l'inconnu de la bataille. Alors, pourquoi proclamer que la retraite de Blücher sera compromise et que son armée sera immobilisée par un simple combat d'arrière-garde ? Là encore, le mépris de l'ennemi dépasse toute mesure. Il faut le répéter, parce que là est le nœud de la question.

Mêmes illusions par rapport aux Anglais. Wellington dispose de 95.000 hommes. Pourquoi Napoléon affirme-t-il *a priori* qu'avec 69.000 il est certain de le battre ? Et comment le battre, puisqu'il dédaigne la manœuvre ?

Car il ne faut pas s'y tromper. De même que le 15 juin, il accumule la masse principale de ses forces sur le défilé de Charleroi[1], de même le 17, il suit l'ennemi sur ses talons et forme, avec 69.000 hommes, une interminable colonne le long d'une route unique[2]. Pas une heure de la journée où il songe à lui barrer la retraite par une attaque de flanc, ni le matin, où il ne se décide pas, ni vers onze heures, quand il a enfin pris son parti.

En 1806, dans l'admirable manœuvre d'Iéna — et, chose curieuse, il est modeste à la veille d'Iéna — il coupe aux Prussiens toutes les directions de retraite que le terrain et les circonstances lui permettent d'atteindre, et leur impose la lutte sur un terrain où ils ne l'attendent pas. En 1815, il se laisse guider par Wellington et conduire sur un champ de bataille que celui-ci étudie depuis un an[3]. En 1806, sa volonté domine, surpasse, affole celle de l'ennemi. En 1815, il subordonne sa pensée et ses directions à celles de l'adversaire.

---

(1) H. Houssaye, p. 119 à 125.
(2) Général Camon, *Batailles*, p. 186.
(3) H. Houssaye, p. 200 ; V. *Mémoires*, t. VII, p. 97.

Waterloo. De nouveau la bataille débute par une revue [1], revue d'apparat et d'effectifs. C'est décidément une habitude, fâcheuse habitude. Naturellement l'effet escompté par l'Empereur manque, comme à Ligny. Wellington est résolu à tenir ferme. Le seul résultat de cette parade inutile, c'est que la matinée est perdue. Contrairement aux racontars officiels, le terrain permet la manœuvre dès dix heures, et surtout la manœuvre d'artillerie qui eût dû préparer les attaques.

Quand on songe aux effets magnifiques obtenus par la rapidité foudroyante avec laquelle Sénarmont manœuvre ses batteries à Friedland [2], on ne peut qu'être pétrifié par l'inertie lamentable de l'artillerie à Waterloo [3]. Or la masse, ce qu'on appela la grande batterie, est placée par Napoléon lui-même. Qui donc eût osé y toucher pour la remuer? Cette masse est si mal postée que son action se borne, pendant toute la bataille, à un inutile fracas. Pour détruire en une heure, avant midi, Hougoumont et la Haie-Sainte, il eût suffi de quelques obusiers. Pour Hougoumont seul, Napoléon y pense, fort tard, à trois heures de l'après-midi, et encore les ordres sont incomplets, car jamais Hougoumont ne fut pris.

L'infanterie du 2ᵉ corps (Reille) s'y use toute la journée. D'après la carte et les renseignements même de Napoléon, le chemin conduisant de la grande chaussée de Bruxelles vers Braine-l'Alleud permettait d'amener les pièces à 200 mètres d'Hougoumont. Qu'on n'aille pas prétendre que l'Empereur ne pouvait suivre la bataille. Pour quiconque a mis le pied sur le terrain, cette objection ne tient pas debout. De la Belle-Alliance, il voyait, de la manière la plus nette et la plus aisée, tout le terrain où manœuvrèrent Reille, d'Erlon et Ney.

La masse d'infanterie se composait du 2ᵉ et du 1ᵉʳ corps. Le 2ᵉ usé contre les murs d'une bicoque, le 1ᵉʳ est lancé en

---

(1) *Mémoires*, t. IX, p. 104 et suiv.; Thiers, t. IV, p. 550 et suiv.; H. Houssaye, p. 279-326.

(2) Général Camon. *Batailles*, p. 257, 271.

(3) Thiers, p. 552; Général Camon, *Batailles*, p. 497 à 502; H. Houssaye, p. 333, 407; *Mémoires*, t. IX, p. 109.

forme de phalange macédonienne[1] contre la position retranchée et fortifiée, infanterie bien abritée et artillerie de Wellington rapide et manœuvrière. Attaque frontale aussi absurde que celle des fantassins de Reille frappant des murs avec leurs crosses de fusil. Aucune troupe de cavalerie ne garantit les flancs de la massive et monstrueuse phalange de d'Erlon. Par contre, dans l'armée anglaise, les trois armes se prêtent un mutuel, actif et intelligent appui. La phalange désunie et sabrée redescend les pentes et se réfugie derrière la grande batterie. Le danger terrible de la prise de cette batterie détermine enfin Napoléon à faire agir la cavalerie, par choc et surprise. Mais après ?

Depuis une heure jusqu'à huit heures du soir, les attaques frontales sanglantes et inutiles, actions d'infanterie ou de cavalerie sans préparation par le canon, assauts de baïonnettes ou charges de sabres, héroïsme épars, décousus, incohérents, se succèdent, disloquent, rongent et brisent l'armée française[2] !

Pas l'ombre d'union entre les trois armes. Pas de direction. Pas de manœuvres. Napoléon est présent sur le champ de bataille, à la Belle-Alliance, où il voit tout. A-t-il abdiqué ? A-t-il résigné son commandement entre les mains de Ney ?

Grouchy ne vient pas. La dissection approfondie des ordres formels qu'il a reçus démontre qu'il n'a fait qu'obéir. Il a passivement obéi à la lettre. C'est entendu. Mais qui donc était, après quinze ans d'Empire, capable de désobéir à Napoléon ? Allons plus loin, jusqu'au fond du problème. Qui donc était à même de connaître exactement et nettement la pensée de l'Empereur ?

Ici, citons les textes, textes qui font hurler les passionnés de légendes, textes terribles qui représentent la justice vengeresse, impartiale, mais implacable. Oui, il faut que la vérité soit dite tout entière.

---

[1] V. Houssaye, p. 317.
[2] *Mémoires*, t. IX ; Thiers, t. IV, p. 555 ; Général Camon, *Batailles*, p. 505 ; H. Houssaye, p. 356 et suiv.

L'explication des désastres de l'Empire tient dans la méthode de commandement de Napoléon [1].

Marengo nous a révélé les effets désastreux du pouvoir absolu sur une imagination effrénée, sur une volonté sans frein et sans scrupules. Mais la leçon de Marengo, la vision du désastre à trois heures de l'après-midi, a porté... pendant trois ans. Au cours de la période triomphale, de 1805 à 1807, l'Empereur s'est ressaisi. Austerlitz, Iéna et Friedland en résultent. Tilsitt marque l'apogée. A partir de cette date, nouvelle rupture d'équilibre, mais cette fois définitive et irréparable. Les défauts éclatent, la décadence logique et fatale s'ensuit jusqu'à Waterloo.

Entre les nombreux défauts de Napoléon, un très grave domine : le machiavélisme du commandement. En ce qui concerne le but réel qu'il poursuit, l'Empereur prend peu à peu l'habitude de se renfermer dans une impénétrable réserve faite de mystère voulu, de méfiance sourde et aveugle. Les ordres sont innombrables, mais sur les détails, jamais sur l'ensemble, jamais sur sa pensée vraie et profonde. Hors certains cas exceptionnels, quand la manœuvre s'achève, que le voile est déchiré, la veille d'une bataille ou dans le cours d'une proclamation fulgurante jetée aux troupes, ou par un brusque mouvement de colère nerveuse, aucune instruction précise ne renseigne les maréchaux et commandants de corps d'armée sur le concept général, pas même d'une façon suivie sur le mouvement des corps adjacents.

Lui seul sait ce qu'il veut. Il est lui-même son vrai chef d'état-major et son directeur d'étapes. Berthier n'est que le premier des organes de transmission, un simple secrétaire. En raison d'instructions formelles, le major général découpe par tranches les ordres que lance l'Empereur, et en adresse des copies séparées, sans lien, sans rapport entre elles, aux commandants de corps d'armée.

[1] V. Général BONNAL, *De Rosbach à Ulm ; Manœuvre de Landshut, Manœuvre de Vilna, Vie du maréchal Ney.*

Les preuves écrasantes d'une telle mentalité n'ont jamais été réfutées par personne. Elles ne peuvent plus être ignorées que par l'intérêt personnel ou l'acharnement politique. A elle seule, la lettre terrible du 14 février 1806 suffirait : « Tenez-vous en strictement aux ordres que je vous donne... Moi seul, je sais ce que je dois faire. » Et par ordre de Napoléon, Berthier écrit : « Vous ne devez faire aucun mouvement sans son ordre (de l'Empereur)... Tout tient à des combinaisons générales ; par conséquent, aucun corps d'armée ne doit agir isolément... Personne ne connaît sa pensée (de l'Empereur) et votre devoir est d'obéir... »

Personne ne connaît sa pensée ! Et depuis cent ans, les pontifes intéressés clament aux naïfs que Napoléon fut le grand professeur d'énergie ! Qui donc a jamais inventé un système de commandement plus déprimant, une méthode de décadence plus néfaste, d'avilissement des caractères plus efficace, d'asservissement plus abject ?

Personne ne connaît sa pensée ! Alors à quoi bon réfléchir, s'ingénier, faire pour le mieux ? Quel est donc le subordonné qui, après quinze ans de ce régime, gardera une lueur d'initiative, une étincelle d'énergie et de vigueur ? Quel est donc celui qui marchera au canon ? Est-ce que Grouchy n'a pas mille fois raison quand il répond à Gérard, qui le supplie de courir à Waterloo, que son unique devoir est d'obéir aux lettres écrites de l'Empereur ? Et puisque celui-ci lui répète à satiété qu'il faut marcher sur Wavre, de persister dans la marche sur Wavre[1], quel homme de bon sens pourrait lui adresser l'ombre d'un reproche ? Napoléon recueille ce qu'il a semé. Il a voulu fabriquer des automates, façonner des esclaves. Alors, quand les Desaix et les Lannes sont morts, quand Masséna est dégoûté par la guerre d'Espagne, Gouvion-Saint-Cyr, Davoust, Suchet, Clauzel écartés, il ne reste plus que Grouchy. C'est l'homme de guerre suivant la formule

---

[1] V. les ordres du 17 et du 18 à Grouchy ; H. Houssaye, p. 225 et suiv., p. 319 et suiv.; Général Canon, *Batailles*, p. 177 ; *Mémoires*, t. IX, p. 102 et suiv.; *Mémoires*, t. VIII, p. 200.

napoléonienne. Napoléon y perd l'Empire, la France, sa gloire et sa puissance. C'est la méthode de commandement de l'Empereur qui a tué l'Empire et affaibli la France. Un seul responsable : Napoléon.

Ah ! nous sommes loin de l'émulation loyale et généreuse des généraux de la République, loin des nobles et libérales traditions des armées d'Allemagne, du Rhin et d'Italie, des Hoche, des Marceau, des Kléber et des Desaix ; nous sommes loin des temps glorieux où les cœurs battaient à l'unisson pour l'Honneur et pour la Patrie, où l'on ne connaissait pas encore ce hideux arrivisme, ce composé d'égoïsme et d'intérêt sordide, de vanité insolente, d'ignorance et de paresse, de laisser-aller et d'inertie, qui remplit l'âme des courtisans, prépare la décadence et fait sombrer les empires. Dans cette œuvre néfaste, un seul responsable : Napoléon.

Et qu'on ne s'imagine pas que la décadence a commencé à la fin de sa vie, par fatigue, surmenage, maladie et trahison. Dans la campagne de Marengo, il manœuvre comme un Soubise. Etait-il malade à Marengo ? A-t-il été trahi par Lannes, Kellermann, Marmont et Desaix ? Etait-il malade en 1809 ? Quand Davout perce à jour la manœuvre autrichienne, quand il voit clair dans la conception de l'archiduc Charles, Napoléon, subjugué par une idée préconçue, rejette son opinion[1]. Le résultat est que la manœuvre de Landshut — en tant que destruction totale des forces adverses, ce qui est le but capital — échoue de la manière la plus complète, et que tout est à recommencer par le pénible chemin d'Essling et de Wagram. Le général Bonnal n'hésite pas à parler de « perversion du sens militaire », de « décadence ».

Dans cette manœuvre, qu'on l'appelle manœuvre d'Abensberg, d'Eckmühl ou de Landshut, peu importe, Napoléon s'est trompé à fond et pour les motifs ordinaires : mépris de l'ennemi, orgueil, dédain des renseignements et opinions de ses lieutenants, multiplicité exagérée des buts poursuivis, erreurs

[1] Général Bonnal, *Manœuvre de Landshut*, p. 185 à 351.

stratégiques et morales. Eh bien, est-ce qu'il était malade la veille d'Eckmühl ? Est-ce qu'il a été trahi ?

Avons-nous besoin de citer l'Espagne, la Russie et Leipzig ? S'est-il assez trompé, de lui-même, tout seul, sans maladies et sans trahison ? A-t-il, en Espagne, accumulé assez de fourberies tragiques et néfastes ? A-t-il assez menti, non seulement aux peuples, mais à ses lieutenants et à ses armées ? Prenez son premier, son plus grand adorateur, le principal disciple de Jomini, le constructeur de la légende, prenez ce bon M. Thiers, que personne au monde n'oserait suspecter de partialité contre Napoléon. Suivez pas à pas les discussions de l'Empereur avec ses lieutenants, la conversation de Foy, que Masséna, écœuré, exaspéré, lui envoie de Torres-Vedras, et dites si, en face de tant de mensonges, d'erreurs voulues, de duplicité et d'aveuglement, le cœur d'un honnête homme ne se soulève pas !

L'arrivisme ! voilà le mot de l'énigme profonde des responsabilités stratégiques et morales de Napoléon. Reconnaissons que ce n'est pas lui qui a créé ce vice. Certes, en tous les temps où un ambitieux s'empara du pouvoir absolu, son premier soin fut d'avilir les caractères et de détremper les âmes, procédé infaillible pour asseoir et pour perpétuer une domination. Avec les places et les rubans, le reste suit. Mais sur Napoléon retombe la terrible accusation d'avoir fait dévier et déchoir la plus superbe tentative d'un peuple vers la liberté. Et si nous restons sur le terrain militaire, sans vouloir verser dans les considérations politiques, nous constatons qu'il n'inventa aucune manœuvre de guerre, aucun procédé stratégique ou tactique, mais au contraire qu'il pervertit les merveilleuses qualités que l'âme libre de la Révolution avait fait surgir, et qu'en fin de compte, en dépit de son génie, de ses prodigieuses qualités intuitives, il aboutit à d'irréparables défaites, qu'il laissa la France anémiée, exsangue et plus petite qu'il ne l'avait prise. Son œuvre fut donc mauvaise et néfaste.

En plus de cet odieux arrivisme, il est des vices particuliers au système napoléonien, et dont héritèrent les serviles imitateurs. La théorie du « débrouillez-vous » remonte nettement au premier Empire. Elle consiste à imposer une mission plus ou moins précise à un subordonné, sans lui fournir aucun des renseignements utiles pour atteindre son but, aucun des moyens nécessaires au parfait accomplissement de sa tâche. Ce procédé est extrêmement commode pour le chef, je parle du chef arriviste qui se complait dans l'admiration de lui-même. Dans les circonstances heureuses, quand tout concourt au triomphe, l'armée n'en souffre pas trop — c'est l'organe de transmission qui porte seul le poids du système. Mais quand les heurts et les frottements de la machine alourdissent la manœuvre, quand les énergies faiblissent, quand un héroïsme exceptionnel — qu'on n'a pas le droit d'exiger d'une masse d'hommes sans outrepasser les lois naturelles — ne répare pas les erreurs du commandement, alors s'ensuivent les désastres. C'est par la vertu douteuse du « débrouillez-vous » que fonctionna le service de correspondance et de liaison entre les diverses fractions de l'armée pendant les plus brillantes phases de l'épopée.

Cette commode et fantaisiste théorie continua à opérer ses merveilles dans les guerres que soutinrent les armées françaises au cours du dix-neuvième siècle : guerres d'Afrique, Crimée, Italie, Mexique et 1870. L'héroïsme des soldats répara l'ineptie des chefs, et l'on a pu dire notamment pour Magenta et Solférino que la victoire fut gagnée par le soldat seul. Quant à 1870, Metz et Sedan dérivent en droite ligne de Leipzig et de Waterloo, avec cette circonstance aggravante que l'ignorance des états-majors en vint à dépasser les bornes du réel et que les calculs concernant les stationnements, la marche, la sûreté et l'échelonnement des colonnes en profondeur étaient tombés dans le plus complet oubli. Est-on certain que la théorie du « débrouillez-vous » se trouve reléguée dans les lointains nuageux du passé ? Alors que signifie donc le système D..... ?

On voit l'immense responsabilité de Napoléon, le suprême

arriviste, sur ce point capital. C'est lui qui est l'initiateur, le créateur du mal.

Si même nous ne craignions de dépasser les limites d'un article de revue, nous démontrerions facilement que la tactique du premier Empire représente un recul de lamentable décadence sur la tactique des armées révolutionnaires. Deux mots seulement. Il n'est pas un élève de la plus modeste école qui ignore les principes de l'attaque aux armées du Rhin et de Sambre-et-Meuse : les tirailleurs en grandes bandes, les colonnes souples, légères, largement articulées, le choc par surprise, les hommes défilés jusqu'à la dernière minute, abrités jusqu'au coup de l'assaut et de la charge, enfin l'application judicieuse du principe génial de Carnot, l'économie des forces sur le champ de bataille

Eh bien, que l'on compare à cette sage méthode, qui économisait le sang du soldat et qui, de plus, produisait le plus terrible effet sur le moral de l'ennemi, les expositions théâtrales et les formations massives rappelant la phalange d'Alexandre de Macédoine, usitées couramment dans les armées napoléoniennes. Qu'on réfléchisse à la monstrueuse colonne de Macdonald sur le champ de bataille de Wagram ! Qu'on relise les descriptions enthousiastes de M. Thiers concernant le carré de trois divisions d'infanterie et de vingt-quatre escadrons de cavalerie — et ses explosions de lyrisme sur l'absurde formation massive de d'Erlon à Waterloo [1]. Qu'on juge les cris d'admiration qu'inspire à H. Houssaye l'attaque de Saint-Amand par Vandamme, Vandamme qui fait marcher ses troupes à l'assaut « sans daigner préparer l'assaut par son artillerie... [2] ». Que dites-vous de ce « sans daigner » ? Au point de vue du mépris du soldat et du gaspillage des vies humaines, c'est vraiment dans la pure tradition napoléonienne.

Car il ne faut pas s'y tromper. En dépit des ordres innom-

---

[1] Thiers, t. II, p. 231; t. IV, p. 575.
[2] H. Houssaye, p. 167.

brables et des notes administratives de la Correspondance, jamais le soldat français — exception faite pour la garde impériale en certaines circonstances — n'a été plus malheureux, plus maltraité, plus méprisé que sous Napoléon. Il ne fut jamais considéré que comme un simple engin de manœuvre, un vulgaire pion de l'échiquier. Qu'on médite l'aphorisme favori : « La misère est l'école du bon soldat [1]. » Les armées impériales, même au temps de la splendeur des triomphes, n'ont vécu que de misère, de maraude et de pillage effréné.

Entre Ulm et Austerlitz, la privation presque absolue de nourriture occasionne des fatigues qui dépassent la limite des forces humaines [2]. La détresse est telle qu'elle ruine la discipline. En 1806, au lendemain d'Iéna, Ney écrit à Berthier : « Le relâchement de la discipline est porté au point que la vie des officiers n'est plus en sûreté. » Entre Eylau et Friedland, fin mai 1807, la désertion commence. Elle ne cessera plus. Qu'on voie en Espagne, en Russie, en 1813.

En 1815, pendant les journées des 16, 17 et 18 juin, pas une seule distribution régulière et suffisante. En face de l'armée anglaise, largement repue, les Français meurent de faim [3]. Et c'est Napoléon lui-même qui a réglé la marche et l'emplacement des bivouacs. D'ailleurs les munitions, cartouches et boulets, manquent comme le pain. Qui donc a réglé l'emplacement des parcs, parcs de munitions et de ravitaillement ? Napoléon.

Libre aux littérateurs qui écrivent l'histoire comme Ponson du Terrail écrivait ses romans, libre aux foudres de guerre qui n'ont jamais entendu une balle siffler à leur oreille, de raisonner avec le soldat comme avec un automate de Vaucanson et de décréter qu'il n'a besoin ni de manger, ni de dormir. Les faits pratiques démontrent que, lorsque les forces humaines sont dépassées par la souffrance, l'armée

[1] Général BONNAL, *De Rosbach à Ulm*, p. 205, 283, 285.
[2] Général BONNAL, *Vie du maréchal Ney*, t. II, p. 112, 117, 171, 182, 205, 206 à 299, 437 ; à 450 *Manœuvre d'Iéna*, p. 9, 76, 77.
[3] H. HOUSSAYE, p. 273 à 276, 421.

exténuée s'effondre dans le désastre. C'est l'histoire de l'Espagne, de la Russie, de Leipzig et de Waterloo. Ce fut aussi — triste héritage des légendes napoléoniennes — l'histoire de Metz et de Sedan.

De faciles consolations s'offrent aux littérateurs, aux foudres de guerre qui précédèrent nos modernes bourreurs de crânes, et aux arrivistes satisfaits de leur puissance. En 1812, après que quatre cent mille Français furent morts de froid et de faim, les bulletins officiels apprirent au peuple : « La santé de Sa Majesté n'a jamais été meilleure. » Voilà ce qui s'appelle une consolation ! Et l'asservissement produit par les méthodes napoléoniennes fut tel que cette consolation parut trop longtemps efficace. Ce fait démontre que les déformations professionnelles produites par le militarisme absolu ne datent pas d'aujourd'hui, que Napoléon, pontife d'arrivisme, fut aussi créateur de l'impitoyable militarisme, enfin que les tares morales en découlent comme d'une source empoisonnée.

Concluons. Nous ne tombons pas dans l'écueil où versèrent d'excellents esprits exagérant la contre-partie de la légende. Non seulement nous n'avons jamais douté du génie de Napoléon, génie intuitif, d'imagination superbe, incomparable pour les calculs logistiques de la guerre, mais encore nous l'avons dégagé des obscurités voulues et des erreurs imposées par les historiens officiels, notamment en ce qui concerne l'énigme de la note au crayon et les soi-disant fautes de la magnifique campagne d'Iéna. Le seul but que nous poursuivons est la vérité. Eh bien, oui, Napoléon fut un grand homme de guerre, un chef d'un génie incontestable, mais ce ne fut pas un génie créateur. Il sut, dans ses périodes de sagesse et de raison, mettre admirablement en œuvre les méthodes de guerre existant de son temps, mais il n'en a pas inventé une seule. L'économie des forces appartient à Carnot et aux généraux de la Révolution. De même en ce qui concerne la stratégie par masses, la tactique de déploiement, les secrets des marches rapides et d'échelonnement sur route. Et lorsque l'orgueil insensé de l'arrivisme, lorsque la pratique du militarisme absolu eurent balayé bon sens, raison et sagesse, Napoléon commit d'innombrables fautes et fut le seul auteur responsable des défaites et ruines accumulées.

C'est lui qui ramassa contre nous toutes les méfiances et haines de l'Europe. C'est de lui que provient la théorie des boucs émissaires, celle du débrouillez-vous, de la « misère, école du bon soldat ».

Fait curieux : la souplesse de son génie ne persiste que jusqu'à Tilsitt, heure fatale où se produit la rupture définitive d'équilibre. A partir de cette date, ses combinaisons les plus vantées ne sont que la répétition fastidieuse d'une manœuvre monotone, la manœuvre sur les communications de l'ennemi. Ce théorème subjectif, qu'il répète inlassablement, finit par être percé à jour. Nous avons sur ce point l'aveu des thuriféraires. Pas l'ombre d'un doute. Le cerveau de l'Empereur est figé. De la stérilité et de l'impuissance résulte la défaite.

Si nous restons sur le terrain militaire, nous reprocherons donc à Napoléon non pas le manque d'invention créatrice, mais le défaut absolu d'adaptation souple et logique aux multiples conditions des guerres qui suivirent Tilsitt. Ce qui fait l'immense difficulté de la guerre, qu'elle reste un acte prodigieusement compliqué, ce n'est pas la difficulté d'inventer une forme d'opération, mais le discernement du moment, de l'heure et des circonstances dans lesquelles telle ou telle manœuvre doit être exécutée. Moral des troupes, effectifs, terrain, climat, ravitaillement, munitions, projets de l'adversaire, possibilités ou impossibilités positives et pratiques, à juger et décider d'après les innombrables circonstances matérielles et aussi d'après les impondérables, voilà ce qui constitue la série interminable des données du problème. Il faut choisir entre le principal et le secondaire, l'essentiel et l'accessoire — et choisir vite, parfois en quelques minutes, quand il s'agit d'un champ de bataille. Ce qui est vrai aujourd'hui devient faux demain. Ce qui est bon avec telle troupe est inexécutable avec telle autre. Ce qui est juste en terrain de montagne devient faux en pays de plaine. Adopter un système de guerre rigide et implacable, c'est vouloir forcer la nature des choses et risquer à plaisir la catastrophe. La guerre est un art et non une science. Les procédés techniques sont et resteront éternellement de simples procédés d'exécution. A la pensée suprême qui doit les mettre en œuvre et les faire agir reste le dernier mot.

Voilà ce que Napoléon, le vainqueur de Rivoli, d'Austerlitz, d'Iéna et de Friedland, méconnut et méprisa après Tilsitt.

Si, du terrain militaire, nous nous élevons aux considérations morales, nous voyons, d'après les effets de l'arrivisme, du militarisme et de la despotique centralisation, les responsabilités morales de l'Empereur, responsabilités qui se sont prolongées, étendues, répercutées dans l'espace et dans le temps. Inutile d'y insister. Il n'est pas un homme libre qui ne soit de notre avis.

Aujourd'hui, en pleine guerre — et quelle effroyable guerre — pour la liberté, pour le droit et l'honneur des peuples, nous entendons parler d'un projet d'apothéose de Napoléon à la date de 1921. Dans quel but ? Quels sont donc les ambitieux qui ne se lassent pas de jouer du cadavre de l'Empereur pour servir leurs arrière-pensées, leurs machinations ténébreuses, leurs intérêts égoïstes ! Comment ! c'est à l'heure où luttent nos fils, la chair de notre chair et le sang de notre sang, à l'heure sombre et douteuse où les défenseurs du droit n'ont pas encore écrasé les vils sectaires du despotisme, c'est à cette heure terrible qu'on nous parle de glorifier la mémoire d'un des plus absolus despotes, d'un de ceux qui ont égorgé la liberté par l'attentat odieux d'un coup d'État, d'un homme qui a maintenu la France en esclavage pendant quinze ans et qui, malgré son génie, sut lui attirer tant de haines, et manœuvra si mal qu'il la laissa vaincue, ensanglantée et envahie !

Assez de défaites ! Assez d'invasions ! Au-dessus de Napoléon, il y a la France ! Au-dessus du militarisme, il y a la

Patrie. Nous ne voulons plus des Leipzig, des Waterloo, des Metz et des Sedan. En fait d'apothéose, nous n'admettons que celle du droit, de l'honneur et du drapeau vainqueur — le drapeau de la République.

Besançon. Imprimerie Millot frères

SOCIÉTÉ DES ÉTUDES ROBESPIERRISTES

COMITÉ DIRECTEUR
Ancien Président d'honneur : M. Edouard Lockroy

Président : M. Albert MATHIEZ, professeur d'histoire moderne à la Faculté des lettres de l'Université de Besançon (28, rue des Fontenottes, à Besançon).

Vice-présidents : MM. le docteur BLOFFIÈRE, adjoint au maire du VII° arrondissement, à Paris; Albert THOMAS, agrégé d'histoire, ancien ministre; Gustave ROUANET, ancien député.

Secrétaire général : M. Edmond CAMPAGNAC (51, rue Denfert-Rochereau, Paris VI°).

Secrétaire : M. Louis CLAVEAU, secrétaire-rédacteur à la Chambre des Députés.

Trésorier : M. Paul RISSON, professeur agrégé au lycée Voltaire (19, rue Jules César, Paris XII°).

Membres du Comité : MM. Jean BERNARD, homme de lettres; J.-Paul BONCOUR, ancien ministre du travail et de la prévoyance sociale; Capitaine Francis BORREY, docteur ès lettres; G. DELOBEL, professeur agrégé au lycée Voltaire; Maurice DOMMANGET, diplômé d'histoire; Léon DUBREUIL, docteur ès lettres; M°° DUPORTAL, docteur ès lettres; Hippolyte DUVAL, professeur au lycée de Lyon; Georges HARDY, directeur de l'enseignement dans l'Afrique occidentale française; Ernest HAUVILLER, ancien directeur des archives de la Lorraine; Pierre d'HUGUES, homme de lettres; Gustave LAURENT; André LEBEY, député de Seine-et-Oise; Emile LE GALLO, professeur au collège d'Auxerre; Edmond LESIENT, homme de lettres; Emile LESUEUR, docteur en droit, avocat au tribunal civil d'Arras; Roger LÉVY, professeur agrégé au lycée du Havre; Henri LION, professeur agrégé au lycée Condorcet, docteur ès lettres; Charles PORÉE, archiviste du département de l'Yonne; Salomon REINACH, membre de l'Institut; Georges RENARD, professeur au Collège de France; René RENOULT, ancien ministre; Henri ROY, diplômé d'histoire, député du Loiret; G. VAUTHIER, professeur agrégé au lycée Janson de Sailly; François VERMALE, avocat, docteur en droit, docteur ès lettres.

La Société des Études robespierristes, qui est dans sa onzième année, ne demande pour Robespierre que la justice qui lui est légitimement due. Elle n'est animée contre ses adversaires d'aucune passion préconçue. C'est une œuvre purement scientifique qu'elle poursuit. Elle ne limite pas le champ de ses recherches à Robespierre et à son groupe. Elle l'étend à la Révolution tout entière, à ses préludes comme à son épilogue, embrassant ainsi toute la période comprise entre 1770 et 1825 environ.

ANNALES RÉVOLUTIONNAIRES
ORGANE DE LA SOCIÉTÉ DES ÉTUDES ROBESPIERRISTES
Paraissant cinq fois par an

Souscription : 20 francs par an pour la France, 22 francs pour l'Union postale.

Les abonnements partent du 1ᵉʳ Janvier et donnent droit aux fascicules parus dans l'année des Œuvres de Maximilien Robespierre éditées par la Société. (*Le tome II, les Œuvres Judiciaires, 1782-1789, est paru*).

Quelques collections de la première série sont encore en vente à la librairie Ernest Leroux, 28, rue Bonaparte, à Paris, et quelques-unes de la seconde chez MM. Millot frères, éditeurs, 20, rue Gambetta, à Besançon, au prix de 20 francs l'année pour les nouveaux souscripteurs.

Adresser toutes les communications qui concernent les « Annales révolutionnaires » et les ouvrages pour comptes rendus, à M. Albert Mathiez, 28, rue des Fontenottes, à Besançon (Doubs).

ŒUVRES COMPLÈTES
DE
MAXIMILIEN ROBESPIERRE
Publiées par la Société des Etudes Robespierristes

PREMIÈRE PARTIE : ROBESPIERRE A ARRAS
PAR
Émile LESUEUR
AVOCAT AU TRIBUNAL CIVIL D'ARRAS

TOME I : LES ŒUVRES LITTÉRAIRES EN PROSE ET EN VERS
Un volume grand in-8° raisin avec un fac-similé. . . . . 7 fr.

TOME II : LES ŒUVRES JUDICIAIRES (1782-1786)
Un volume grand in-8° raisin, avec une introduction sur les tribunaux d'Arras sous l'ancien régime. . . . . 8 fr

EN VENTE A LA LIBRAIRIE ERNEST LEROUX, 28, RUE BONAPARTE, PARIS

BIBLIOTHÈQUE D'HISTOIRE RÉVOLUTIONNAIRE

Publiée sous la direction de M. Albert MATHIEZ

1re SÉRIE

EN VENTE A LA LIBRAIRIE ERNEST LEROUX, 28, RUE BONAPARTE, PARIS

I. François VERMALE, docteur ès lettres : *Les classes rurales en Savoie au XVIIIe siècle*. In-8°, fig. . . . . 7 fr. 50

II. Albert MATHIEZ : *Les conséquences religieuses de la journée du 10 août 1792 : la déportation des prêtres et la sécularisation de l'état civil*. In-8° . . . . 2 fr.

III. Hector FLEISCHMANN : *Le masque mortuaire de Robespierre. Documents pour servir d'intelligence et de conclusion à une polémique historique*. In-8°, trois planches hors texte. . . . . . 2 fr. 50

IV. Roger LÉVY, professeur au lycée du Havre : *Le Havre entre trois révolutions, 1789-1848*. Préface de G. Monod. In-8° . . . 4 fr.

V. Joseph COMBET, docteur ès lettres : *La Révolution à Nice (1792-1800)*. In-8°, planches . . . . 5 fr.

VI. François VERMALE : *La Franc-maçonnerie savoisienne à l'époque révolutionnaire, d'après ses registres secrets*. Préface d'Albert Mathiez. In-8° . . . . 2 fr. 50

VII. François VERMALE : *La vente des biens nationaux dans le district de Chambéry*. In-8°, fig. . . . . 2 fr. 50

VIII. Edmond CAMPAGNAC : *Les débuts de la déchristianisation dans le Cher (septembre 1793-frimaire an II)*. Préface d'Albert Mathiez. In-8° . . . . 2 fr.

IX. Capitaine Francis BOUVET, docteur ès lettres : *L'esprit public chez les prêtres francs-comtois pendant la crise de 1813-1815. Documents inédits recueillis et publiés avec une introduction, des éclaircissements et des notes*. In-8° . . . . 7 fr. 50

X. *François Chabot, représentant du peuple, à ses concitoyens qui sont les juges de sa vie politique* (pluviôse an II). Mémoire apologétique publié pour la première fois par M. Albert MATHIEZ. In-8° . . . . 2 fr. 50

XI. René FARGE : *Un épisode de la journée du 12 juillet 1789 : Camille Desmoulins au jardin du Palais-Royal*. Une brochure in-8°. 1 fr. 50

2e SÉRIE

EN VENTE CHEZ MILLOT FRÈRES, ÉDITEURS, 20, RUE GAMBETTA, BESANÇON

Maurice DOMMANGET
Diplômé d'histoire

LA DÉCHRISTIANISATION A BEAUVAIS & DANS L'OISE
EN L'AN II

Un volume grand in-8° . . . . 3 fr. 50

www.ingramcontent.com/pod-product-compliance
Lightning Source LLC
Chambersburg PA
CBHW060956050426
42453CB00009B/1203